AF272085

Normandie und Bretagne mit dem BMW Gespann

Étretat, St. Malo, Brest, Pointe du Raz, Carnac

Marbie Stoner

Buchbeschreibung:

In Nordfrankreich mit dem Gespann auf kleinen Straßen unterwegs. Die Bretagne besticht durch ihr schroffes raues Klima, gigantische Felsenklippen, Küste, Strand, alte Steinreihen und wellenumtoste Leuchttürme. Historische Stadtbilder, prunkvolle Burgen und Schlösser runden die Landschaft ab. Die Nähe zum Meer lässt die Herzen von Fisch- und Meeresfrüchteliebhabern höher schlagen, ebenso ist die Auswahl an Weinen nicht auf Cidre beschränkt.

Über die Autorin:

Marbie Stoner ist Jahrgang 1958, verheiratet, Mutter von zwei Töchtern und Großmutter von zwei Enkelkindern. Sie ist seit 2022 im Ruhestand, und freiberuflich als Pflegegutachterin für Sozialgerichte tätig. Sie wohnt in Hessen in Spessartnähe, fährt seit mehr als 30 Jahren Motorrad. Zahlreiche Motorradreiseberichte hat sie seit 2014 veröffentlicht. Höhepunkte waren Kirgistan und Colorado/USA. Sie ist Mitglied im bundesweiten Frauenmotorradclub Women on Wheels e.V. https://www.wow-germany.de

Die Wintermonate verbringt sie vor der Staffelei.

Normandie und Bretagne mit dem BMW Gespann

Étretat, St. Malo, Brest, Pointe du Raz, Carnac

Marbie Stoner

Impressum

Marbie Stoner
Rathausstraße 8
63594 Hasselroth
marbiestoner58@gmail.com

Fotos: George Schmittlein & Marbie Stoner

Verlag: BoD · Books on Demand GmbH,
In de Tarpen 42, 22848 Norderstedt,
bod@bod.de
Druck: Libri Plureos GmbH,
Friedensallee 273, 22763 Hamburg
ISBN: 978-3-7693-7660-9

Bibliografische Informationen der Deutschen
Nationalbibliothek: Die DNB verzeichnet diese
Publikation in der Deutschen Nationalbibliografie,
detaillierte biografische Daten sind im Internet unter
https://dnb.de abrufbar.

Alkoholtester (!?). Wir hatten diesen nicht. Und Warnwesten führe ich auch auf der Solomaschine mit.

Nach Luxembourg Ardennen, 292 km, 27.08. 2024

Dieses Jahr wird es ein gemeinsamer Gespann Urlaub. Ich lasse mich im Boot komfortabel durch die Gegend fahren. Seit ein paar Monaten ist die Arthrose in den Händen immer schlimmer geworden und über längere Strecken Gas zu geben ist für mich kein Spaß mehr, sondern mit Schmerzen im rechten Daumengrundgelenk verbunden. Längere Strecken bedeutet: Alles, was über 150 km geht. Und noch ein Vorteil beim Fahren mit einem Gespann: Ich kann George nicht mehr wegfahren.

Pause in den Ardennen.

Und viel Aufmerksamkeit erhält man auch! Die erste Etappe bei strahlendem Sonnenschein und 30 Grad geht Richtung Trier und Luxembourg ins Mullerthal, eine Gegend im Nordosten des Großherzogtums Luxemburg, die sogenannte kleine Luxemburgische Schweiz. Ihren Namen verdankt sie den Sandsteinfelsen und bei Wanderern ist diese Gegend sehr beliebt.

Zunächst läuft es gut über die AB bis hinter Mainz. Dann über einen Mix aus gut ausgebauter Bundesstraße und kleinen Eifelsträßchen bis nach Trier. Auch hier haben wir bis auf eine größere Baustelle in Trierweiler einen guten Lauf.

Unser idyllisches Hotel mitten in der Natur hat leider Restaurant und Bar geschlossen, also müssen wir was Neues suchen. Finden wir dann über Booking.com in Wallendorf, 12 Kilometer weiter. Wallendorf ist eine Ortsgemeinde in der Eifel. Das Städtchen liegt im Eifelkreis Bitburg - Prüm (Rheinland-Pfalz) direkt an der Grenze zu Luxembourg und gehört der Verbandsgemeinde Südeifel an.

Also wählerisch können wir jetzt nicht mehr sein, es geht auf 18:00 Uhr zu.

An der Rezeption spricht der Mitarbeiter alle Sprachen, die hier benötigt werden. Wir bekommen ohne Aufpreis ein supergroßes Zimmer mit Balkon, weil jemand kurzfristig abgesprungen ist.

»Entweder man hat offen oder man hat zu. Dazwischen ist für die Gäste alles unkomfortabel«, sagt der Mitarbeiter am Empfang kopfschüttelnd, als er von mir hört, warum diese kurzfristige Buchung erfolgte.

Das Restaurant auf der großen Terrasse ist übrigens sehr empfehlenswert. Hotel Dimmer, 102 Euro das Doppelzimmer ohne Frühstück. https://www.hoteldimmer.com/de/hotel

Nach Laon, Normandie, 221 km, 28.08.2024

Vom Mullerthal geht es via *Arlon* und *Boillon* nach Laon auf überwiegend gut ausgebauten Landstraßen. In den Ardennen noch kurven- und waldreich. Dann oft geradeaus durch eine überwiegend von Ackerbau geprägte Gegend. Einzige Spannungsmomente sind hier die Ortsdurchfahrten. Meist kleine Dörfer oder Städtchen, die eben von der Landwirtschaft hier leben. Laon, eine etwas größere Stadt ist recht interessant, wir sehen aber nicht viel davon, es bleibt für uns Durchfahrtstation zum Übernachten.

Und es ist wieder heiß, über 30°C und kein Schatten zu finden! Das Gespann hat zwar eine Bordsteckdose seitlich links, aber die Kabel vom Garmin reichen nicht bis dorthin.

Mit meiner kleinen Powerbank läuft es zunächst auch, aber leider nicht lange.

Die leistungsstarke Powerbank von George wird ins Boot gelegt, so dass das Navi unterwegs mit Strom versorgt werden kann. Zunächst funktioniert auch das, doch dann muss mein TomTom ran, dessen Routenwahl ich ziemlich befremdlich finde. Es geht tatsächlich nur über Stock und Stein.

Äh - der TomTom stand vom letzten Mal noch auf Fußgängermodus. Deshalb sind die Strecken teilweise gewöhnungsbedürftig. Eine Schottereinlage ist dann auch dabei, bei der ich im Boot ziemlich durch-geschüttelt werde.

Schotterstrecke in den Ardennen im
TomTom-Fußgängermodus.

Ein Trecker steht uns im Weg und der Bauer lädt gerade Steine ab, sogar ziemlich große. Aufgeregt versucht er, uns zu sagen, wir sollen umkehren. Rechts neigt sich der Schotterweg etwas bergab. Er versteht kein Englisch und ich habe nicht so gut das Französische drauf. George zieht jetzt ordentlich am Hahn und fährt an ihm vorbei.

Ich bin ganz ruhig geblieben. Ehrlich. Hätte schief gehen können, wir wären umgekippt. Bei der nächsten Pause stelle ich den TomTom auf schnellste Route ohne Autobahn um. In Laon beziehen wir eine unspektakuläre, aber schnell zu findende und preiswerte Unterkunft an einem Kreisverkehr am Ortsanfang.

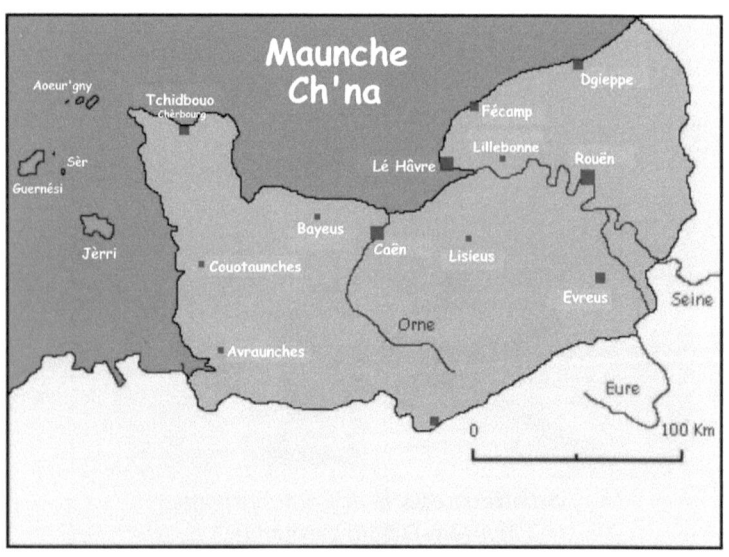

Nach Fécamp, Normandie, 242 km, 29.08. und 30.08.2024.

Morgens wollen wir sehr früh (so um 9:00 Uhr) los. Aber es kommt dann doch anders. Zunächst zur Tankstelle. An der Kasse spricht der Mitarbeiter sogar Deutsch. Ich antworte in Französisch und wir beide verbessern uns gegenseitig mit der richtigen Wortwahl und Aussprache. Hach, so geht Sprachen lernen auch.

»Wo ist der Garmin?«, frage ich George.

»Ich dachte, den hast du??«

Nein, ich habe das Gerät nicht in der Hand gehabt. Das gesamte Gepäck, zwei Packrollen und der Kofferraum wird seitlich an der Tankstelle stehend und von neugierigen Blicken beobachtet durchwühlt. Der Garmin ist nicht zu finden. Also zurück zum Hotel, nochmals den Schlüssel für Zimmer *deux-cent-quinze* (215) verlangt. Und siehe da, der Garmin steht unschuldig hinter dem Telefon an der Ladung. Aufseufzen und nach unten. Inzwischen ist es 10:30 Uhr. Okay.

Nächstes Ziel ist dann Fécamp, die Hauptstadt der Alabasterküste. Dieses Mal bleiben wir 2 Nächte.

60 Euro pro Nacht. *Rue de Fort 34*. Fècamp hat ca. 18.000 Elnwohner und die Unterkunft ist deutlich billiger als vergleichbare Unterkünfte in **Étretat.**

Étretat, das ist eine französische Gemeinde und ein Seebad mit 1167 Einwohnern (Stand 1. Januar 2022) im *Departement Seine-Maritime* in der Region Normandie.

Die Stadt hat sich dem Grands Site de France – Netzwerk (https://de.wikipedia.org/wiki/Label_Grand_Site_de _France) angeschlossen und ist ein echter Touristen-hotspot.

Etwa 50 km vor Fécamp ist es mit der entspannten Fahrerei vorbei. Le Havre lässt grüßen und entsendet dazu zahlreiche LKWs, die George als Gespann Fahrer etwas nerven. Das legt sich aber ca. 25 km vor Fécamp wieder und wir rollen entspannt in diese lebendige, kleine, alte Hafenstadt an der sogenannten ‚Alabasterküste'.

Erst nach 20 Minuten habe ich fußläufig unsere Unterkunft gefunden, nachdem ich zweimal am Hauseingang vorbeigelaufen bin. Allerdings ist nach Eingabe der Codes der Zutritt nichts für körperlich Beeinträchtigte. Mit den Packrollen, Rucksack und Helmen überwinden wir zunächst eine 60 Zentimeter breite Wendeltreppe aus Stahl, im Anschluss noch zwei breitere Holztreppen. Die Unterkunft ist ganz okay, eine Gemeinschaftsküche gibt es auch, das Zimmer ist ausreichend groß, geschmackvoll eingerichtet aber nur spärlich möbliert. Ein 2. Stuhl im Doppelzimmer hätte nicht geschadet.

Abends gehen wir zum Hafen und genießen Meeresfrüchte.

Versuch macht klug.

Es ist mein erstes Mahl mit Austern und Schnecken. Die sehen unseren Sumpfdeckelschnecken im Gartenteich ähnlich, sind nur viel größer. Sie werden mit einer kleinen Lanze aus dem Gehäuse befördert. Die Austern schlürfe ich nicht, das klingt unanständig, sondern löffele sie aus. Schmecken nach Salzwasser. Also, die Schnecken brauche ich auch nicht. Die Kräuterbutter kann man ja auch ohne Schnecken genießen. Nennt man das etwa dekadentes Essen? Die Scampi sind dagegen eine Wucht. George hat sich für Miesmuscheln entschieden, die mit einer Käsesoße übergossen sind.

Das meiste vom Käse hängt allerdings auf den Schalen. Zum Überfressen sind die Gerichte nicht geeignet, dafür stellen sie eine interessante Erfahrung dar. In einem Supermarkt kaufen wir korsisches Pietra ier, gebraut aus Kastanien. Das hatten wir 2014 auf Korsika zum ersten Mal gekostet und waren restlos begeistert, nur nicht über den Preis.

Kreidefelsen in Étretat

Am nächsten Tag fahren wir eine Spritztour nach Étretat, 50 km westlich von Fécamp und erklettern am Strand die Kreidefelsen, ein toller Anblick.

Es herrscht gerade Ebbe. Das Wetter sollte heute regnerisch sein, aber es bleibt trocken bei angenehmen 20 Grad. Einige Gäste trauen sich sogar ins Wasser. Wetter und Klima werden maßgeblich vom Golfstrom beeinflusst und es herrscht ein ausgeprägtes mildes ozeanisches Klima.

Durchgang zum anderen Strand.

Eine Mischung aus Wolken, Sonnenschein und regnerischen Abschnitten ist charakteristisch für das Wetter in der Normandie.

https://www.ferienhaus-normandie.de/normandie-tipps/normandie-informationen.html

Felsentor in Étretat

Étretat liegt auf Meereshöhe direkt am Ärmelkanal in einer der wenigen Talöffnungen in der 120 km langen Steilküste zwischen Dieppe und Le Havre, die wegen ihrer hellen Färbung auch Alabasterküste genannt wird. Der Tidenhub ist, wie überall an der 600 Kilometer langen Küste der Normandie, beträchtlich.

Bis zu 16 Meter beträgt der Unterschied zum Beispiel zwischen Hoch- und Niedrigwasser im Seebad Granville auf der Cotentin-Halbinsel und in der Bucht von Mont Saint-Michel. Der Tidenhub an der französischen Kanalküste gehört zu den höchsten weltweit. Der Wechsel von Ebbe und Flut bestimmt in einigen Küstenregionen der Normandie maßgeblich das Leben der Menschen.

Étretat ist ein Touristenmagnet mit 1.200 Einwohnern. Bekannt ist der Ort vor allem durch die steilen Klippen mit ihren außergewöhnlichen Felsformationen, die den Ort auf beiden Seiten umrahmen. Die Stadt ist mit Hotels, Restaurants, Souvenirläden sowie vielfältigen Freizeit- und Sportangeboten voll auf den Tourismus ausgerichtet.

Die drei markanten Felsbögen Porte d'Amont, Porte d'Aval und Manneporte verdanken ihre Entstehung der Meeresbrandung. Die Felsnadel Aiguille besteht aus etwas härterem Kalkstein, der dieser rückschreitenden Erosion bis heute widerstanden hat. Eine weitere bekannte Formation ist der Pointe de la Courtine. Die Felsentore, die im Lauf von Jahrtausenden durch Erosion entstanden sind, wurden zu Naturdenkmälern erklärt und gehören zu den meistfotografierten Attraktionen des Seebades.

Bei der *Porte d'Aval* handelt es sich um einen natürlich entstandenen Brückenbogen aus Kreidegestein, der eine magische Anziehungskraft ausübt.

Vor dem Felsentor erhebt sich eine spitze, siebzig Meter hohe Felsnadel aus dem Meer. Ein steinerner Brückenbogen, um den sich zahlreiche Legenden ranken ist die sogenannte Manneporte.

Kiesstrand in Étretat

Bei Ebbe kann das Naturdenkmal zu Fuß durchquert werden, um an den Strand von *Jambourg* zu gelangen. Das kleinste der drei Felsentore ist die *Porte d'Amont.*

Auf dem Gipfel hoch über der Felsformation steht die kleine Steinkapelle *Notre-Dame-de-la-Garde*, die im 19. Jahrhundert im neugotischen Stil erbaut wurde. *Quelle:* Wikipedia

Nicht vergessen ist die Schlacht um die Normandie vom 7. Juni 1944 die bis zum 29. August 1944. Der Film »Der Soldat James Ryan« lässt den Betrachter sehr anschaulich an der Landung der Alliierten teilhaben. Etwas Brutaleres habe ich selten gesehen. Die ersten an Land kommenden Soldaten wälzen sich mit hervorquellenden Därmen im Sand. Am Abend des 7. Juni 1944 hatten die alliierten Streitkräfte an allen fünf Landungsküsten Fuß gefasst. Es lag noch ein langer Weg vor ihnen, aber die für das deutsche Oberkommando überraschenden Operationen dieses Tages waren erfolgreich gewesen. Als Nächstes wollten die Alliierten die Brückenköpfe in einer fortlaufenden Frontlinie miteinander verbinden und schneller als die deutschen Verstärkungen heranführen.

Der 6. Juni 1944 ging unter dem legendären Namen **D-Day** als Tag der alliierten Landung an der Küste der Normandie in die Geschichte ein. Es war der dramatischste Teil von Operation Overlord, die den Beginn der Befreiung Westeuropas von der deutschen Besatzung darstellte.

Anmerkung: Und die FDP schreckte vor der Verwendung des Begriffes nicht zurück, als sie ihren Rückzug aus der Regierung plante. Wie geschmacklos.

Nach Erlangung der Überlegenheit zu Lande und in der Luft und nach langen und gefährlichen Märschen über die von Hecken umgebenen Felder, gelang es den Alliierten am 25. Juli, die deutschen Linien westlich von *Saint-Lô* zu durchbrechen. Die Schlacht um die Normandie endete mit der Umzingelung der deutschen Verbände im Kessel von *Falaise-Argentan* zwischen dem 19. und 22. August und dem folgenden hastigen Rückzug der verbleibenden deutschen Truppen über die Seine. Der Weg für eine schnelle Befreiung der anderen Teile Frankreichs und von Belgien war frei.

Eine Flotte von über 6.900 Schiffen war erforderlich, um die mit mehr als 156.000 Mann angreifenden Verbände zu den fünf Stränden zu transportieren, denen man, von West nach Ost, die Decknamen Utah und Omaha (USA), Gold (Großbritannien), Juno (Kanada) und Sword (Großbritannien) gegeben hatte. Auch etwa 24.000 Fallschirmjäger wurden abgesetzt, um die Kontrolle über strategische Punkte zu übernehmen und deutsche Angriffe auf die Flanken der alliierten Truppen an Land zu unterbinden. Die überall in der Normandie zu findenden Soldaten-friedhöfe erinnern uns an den hohen Preis, der für die Freiheit Europas gezahlt wurde.

Insgesamt 80.000 Soldaten fielen in der Normandie. Nach der Schlacht, in der auch 20.000 Zivilisten ihr Leben lassen mussten, war das Land völlig verwüstet. Quelle: https://www.liberationroute.com/de/stories/177/the-battle-of-normandy Interessante Website mit Informationen zur Historie. So, genug der Geschichte. Die Rückfahrt nach Fécamp entlang der Küstenstraße ist ein Genuss. Kurvenreich, einige schöne Dörfchen, freundliche Leute – das Leben kann so schön sein.

Nach St. Malo, Bretagne, 305 km, mit Abstecher zum Mont Saint-Michel. Samstag, 31.08.2024

Mont St. Michel aus der Ferne

Kommissar Dupin – wir kommen! Das Wetter ist heute Morgen zwar trocken bei bewölktem Himmel, aber mit 17 Grad relativ frisch. Ich ziehe meine Wollunterwäsche an, was eine gute Wahl darstellt. Wir verlassen die Unterkunft um 09:00 Uhr und machen uns auf die Suche nach einer Bäckerei.

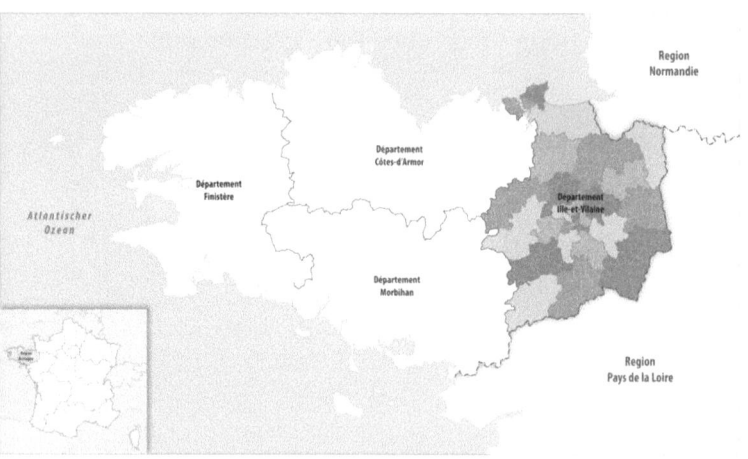

1 Urheber Tschubby, Wikimedia Commons, https://de.wikipedia.org/wiki/Datei:Locator_map_of_Departement_Ille-et-Vilaine_2024.png

Mehr durch Zufall finden wir das Bistro, das wir uns gestern Abend schon ausgesucht haben. Es ist Markt und der Platz kann mit dem Gespann nicht befahren werden. Allmählich stellen sich jetzt bei mir Urlaubsgefühle ein. George fährt kleine Straßen, auf denen wir gut vorankommen. Es geht kurvenreich hügelan und hügelab.

Kaum Verkehr, außer in den Städten. Nicht selbst zu fahren vermisse ich keineswegs. Es sitzt sich gemütlich im Boot, bequem und ohne Rückenschmerzen, ein Getränk ist griffbereit und die Landschaft sauge ich förmlich auf.

Es ist immer noch bewölkt und nur mäßig warm. Die Fahrt macht hier richtig Spaß! Zumal wir als Gespann Fahrer immer wieder freundlich gegrüßt werden. Von anderen Moto-Fahrern sowieso, aber auch Auto- und Radfahrer oder Fußgänger grüßen uns. Bei den Pausen kommen wir häufig mit Leuten ins Gespräch.

Wir überqueren die Seine östlich von Le Havre über eine mautpflichtige Brücke, allerdings dürfen Motorräder diese ohne Gebühr befahren. Dann geht es meist über größere „D" – Straßen. Wie auch die Tage zuvor überwiegt Ackerbau, doch ab und zu durchfahren wir kleine Wälder und manchmal bieten die Straßen auch interessante Kurvenkombinationen. Dazu in den Orten viele Natursteinhäuser mit oft riesigen Schornsteinen und trutzigen Kirchenbauten, mal größer, mal kleiner.

Und blühende Hortensienhecken in allen Farben von rosa, pink, lila und blau auf Natursteinmauern. Zuhause gelingt es mir noch nicht mal, eine einzige Blüte im Pott zu züchten.

Ebbe. Warten auf die Flut.

Strandpromenade in St. Malo

Wellenbrecher am Strand von St. Malo bei Ebbe

Den Mont Saint-Michel erspähen wir aber nur von Weitem. Hier herrscht ordentlich Rummel und besichtigen können wir den Ort nur, wenn wir einen Bus Shuttle nutzen. Das kostet uns jedoch zu viel Zeit und so fahren wir nach einer halben Stunde weiter.

Der „Mont" hat sich zu einer großen Touristen-attraktion entwickelt, er wird jährlich von etwa 2,3 Millionen Menschen besucht.

Seit 1979 gehören der Berg und seine Bucht zum Weltkulturerbe der UNESCO. In noch geringem, aber wachsendem Umfang wird er auch wieder von Pilgern besucht, unter anderem auch von Pilgern auf dem Jakobsweg.

Er ist deshalb seit 1998 auch Teil des Welterbes *Wege der Jakobspilger in Frankreich.*

Jetzt sind wir in der Bretagne angekommen. St. Malo erreichen wir um 16:30 Uhr. Es ist eine Stadt mit 47.255 Einwohnern (Stand 1. Januar 2022) im *Département Ille-et-Vilaine* in der Region Betragne im Nordwesten Frankreichs. Die Stadt ist der bedeutendste Hafen an der bretonischen Nordküste und aufgrund ihres originaltreu wiederaufgebauten historischen Stadtkerns sowie ihrer Festungsanlagen einer der meistbesuchten Orte Frankreichs.

Kommissar Dupin ist eine Kriminalfilmreihe der ARD mit Pasquale Aleardi in der Rolle des *Commissaire* Georges Dupin, die seit 2014 ausgestrahlt wird. Die Serie basiert auf den Romanen von Jörg Bong, die unter dem Pseudonym *Jean-Luc Bannalec* publiziert wurden. Alle bisher erschienenen Filme wurden an Originalschauplätzen in der Bretagne gedreht. Inhaltlich geht es um den eigenwilligen *Commissaire* Georges Dupin. Er wird von Paris in die Bretagne nach *Concarneau* strafversetzt.

Da er gewohnt ist, in der Großstadt zu leben, fällt es ihm schwer, sich in der westfranzösischen Provinz zurechtzufinden. Weil auch die Bretonen eigenwillig sind und sich Fremden gegenüber reserviert verhalten, muss er sich durch gute Ermittlungsarbeit Respekt verschaffen und lernen, sich an die Lebensgewohnheiten der Einheimischen anzupassen.

Stadtmauer von St. Malo bei Ebbe.

Hierbei wird er auch von seiner Sekretärin Nolwenn unterstützt, die ihm Tipps zu den Eigenarten der Region und ihrer Einwohner gibt. Im Verlauf der Serie steigt der Respekt seines neuen Umfelds, und er wird nicht mehr wie ein Tourist aus dem Ausland behandelt. Seine Pariser Herkunft lässt sich dennoch nicht immer verleugnen. *Quelle:* Wikipedia. Also, schaut mal rein!

Unser Hotel *Rotonde*, 300 Meter vom Strand entfernt, finden wir auf Anhieb und parken auf dem Bürgersteig zwischen zwei Olivenbäumen. Das Zimmer ist winzig, hat einen kleinen Balkon mit Blick auf den innerstädtischen Verkehr und in der Ferne auf den Strand. Es kostet nur 75 Euro mit Frühstück. Wir haben zwei Nächte gebucht. Unsere Unterkunft hat eine Pizzeria, die auch die Rezeption des Hotels bedient. Wir sind beide etwas geschafft und sparen uns eine langwierige Restaurantsuche. Im Supermarkt nebenan kaufen wir noch Wasser und Bier. Dieses Mal achten wir auf den Alkoholgehalt (auf jeden Fall unter 6%!), und auf einen eventuellen Zuckerzusatz. Nicht zu fassen, wie die Franzosen ihr Bier durch Pantschen verunstalten.

Morgens schlafen wir aus. Vom offenen Fenster hören wir Möwengeschrei. Ich strecke mich noch mal genüsslich aus und kuschle mich an meinen George. Nach dem für Frankreich typisch bescheidenen Frühstück mit Croissants und Baguette laufen wir am Strand entlang. Es herrscht wieder mal Ebbe.

Wer schwimmen gehen will, muss zirka 200 Meter weit laufen, bis er auf Wasser trifft.

St. Malo hat eine vorgelagerte Festung, in der sich die Deutschen beim Angriff der Alliierten verschanzten und sich grausame Gemetzel lieferten. Die Franzosen stellten durch den Nachbau die nahezu vollständig zerstörte Stadt wieder in den ursprünglichen Zustand zurück. Innerhalb der Stadtmauern werden reichlich Souvenirs vom Typ Tünnes und Klimbim angeboten. Die meisten Dinge braucht man nicht.

Interessant ist der Besuch eines Mini Zoos mit Aquarien und Terrarien, mit Tierarten quer über den Globus verteilt. Schlangen, Frösche, exotische Fische, Schildkröten und Echsen. Sehr zu empfehlen. Kommissar Dupin treffen wir jedoch nicht. Den Bewohnern der Stadt soll der Rummel, der durch die Netflix Serie „Lupin" entstand, angeblich nicht besonders behagen.

Nach Lannion über Cap Fréhel, 200 km, am Montag, 02.09.2024

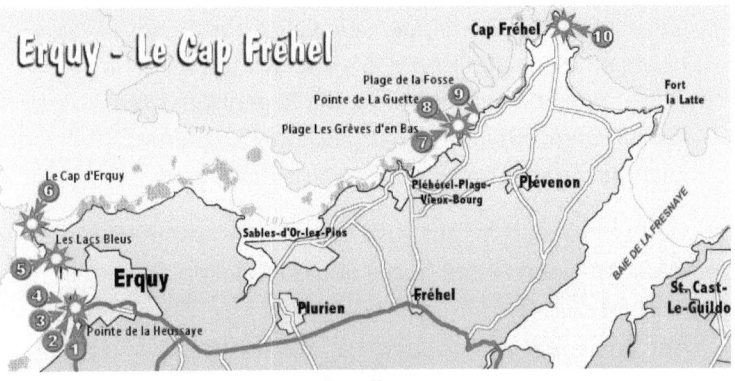

Quelle:
http:erveillesetsplendeursdantan.m.e.pic.centerblog.net/o/8e879d56.jpg

Blick vom Felsen Cap Fréhel

Wir starten im Regen bei 17 Grad. Also wasserdicht anziehen. George hat als Zwischenstopp das Cap Fréhel im Garmin geplant und bei der Ankunft hört der Regen tatsächlich auf. Eine sagenhafte Gegend! Siebzig Meter hohe Klippen, ein Leuchtturm und heute eine unglaubliche Weitsicht. Wir haben richtig Glück. Wie erleichternd ist es, die Regenklamotten auszuziehen. Ich fühle mich gleich 10 Kilogramm leichter.

George wandert bis zur äußersten Spitze, während ich mich auf einen Felsen hocke und den Wellen zusehe.

Auf das Meer zu schauen hat für mich etwas sehr Meditatives, alle weltlichen Probleme rücken in den Hintergrund. Es sind nur wenige Touristen hier. Kann ja auch am Wetter liegen.

Das **Cap Fréhel** ist ein Vogelschutzgebiet und stellt eine Landzunge an der *Côte d'Émeraude* in der nordöstlichen Bretagne dar.

Es bildet den nördlichsten Punkt des felsigen Vorgebirges, das im Département *Côtes-d'Armor* in Frankreich zwischen den Städten Saint-Malo und *Saint-Brieuc* in den Golf von Saint-Malo hineinragt.

Felsformationen Cap Fréhel

Es liegt etwa 8,5 km von der Gemeinde Fréhel entfernt auf dem Gebiet der Gemeinde *Plévenon.*
Am Cap stehen zwei Leuchttürme.

Es geht entlang der Küste zurück. Ich halte den Arm hoch und knipse mit der Kamera einfach drauf los. Sagenhafte Felsen. Wir genießen zwei Quiches Lorraine auf der Hand.

»Oouh!« Unser Sprechfunk im Schubert Helm funktioniert nämlich wieder. Ich hatte die Lautstärke auf ,aus' gestellt. Deshalb konnte ich eine ganze Zeit nichts mehr von George hören. So viel zur Beherrschung der Technik bei über 60-Jährigen.

Aber immer, wenn George *„oouh"* sagt, ist gerade eine kleinere oder größere Ungemäuslichkeit passiert. Handy vergessen oder runtergefallen wie in der Türkei, Ständer hält nicht oder Tankrucksack ist auf gegangen. In diesem Fall ist es eine größere – der Kupplungszug ist gerissen, mitten im Kreisverkehr.
Wir rollen nur noch.

»Scheiße!« Jetzt ist es wohl nicht mehr nur ungemäuslich, sondern schon eine Kradkatastrophe. Das Gespann springt bei jedem Anfahren nach vorne, gleicht eher einem Hüpfen mit häufigem abwürgen, und ich werde ordentlich durchgeschüttelt.

»Was machen wir denn jetzt?«, frage ich verzweifelt.
»Na, eine Werkstatt suchen!« Natürlich. Was denn sonst? Das kann ja spannend werden.

Die nächsten 50 Kilometer bis zum Hotel werden sehr abenteuerlich. Wenn George anhalten und wieder anfahren muss, brüllt es brutal laut direkt neben mir aus dem Getriebe, so, als würde es mir gleich um die Ohren fliegen. Das Einfahren in die Kreisverkehre ohne anzuhalten ist schon ziemlich sportlich. Ich schnappe oft nach Luft und meine Unterlippe klebt an den Frontzähnen. Einmal sieht es kritisch aus. Eine Pkw-Fahrerin schaut beim Reinfahren in den Kreis nach rechts (Wer macht denn so was?!) statt nach links und beachtet uns nicht. Ich quietsche. »Wir schaffen das!«, schreit George. *Puh*.

Ich schließe das Visier und meine Augen. Mein rechter Fuß steht auf einer imaginären Bremse. Mitgegangen, mitgefangen.

Irgendwann mit viel Ruckeln und weiterem Zittern vor Kreisverkehren kommen wir am Hotel *Arcadia* kurz vor Lannion an. Ich bin ganz verspannt, kann kaum aussteigen, weil die Knie vor lauter Zittern nicht standhalten, und lasse einen Stoßseufzer der Erleichterung los. Grundgütiger.

Wir buchen gleich eine Nacht länger. Das Zimmer ist dann jedoch 40 Euro teurer, also 130 Euro mit Frühstück. Eine Adresse einer Reparaturwerkstatt, nur 3,5 km entfernt, hat die Dame am Empfang auch für uns. Ein Glück, dass sie Englisch spricht.

Zu essen gibt es auch nichts mehr. Gut, dass wir die Quiches intus haben.

Die Pizzeria nebenan öffnet leider erst morgen. Manchmal hat man kein Glück und dann kommt auch noch Pech hinzu. Okay.
Dann noch zwei Bier an der Bar.

Unsere Rettung: Le Bihan Moto

Morgens um 8 Uhr aufgestanden, nach dem Frühstück Motor zehn Minuten warmlaufen lassen, die Auffahrt runtergeruckelt und -gehopst. Weiter mit Vermeidung der Hauptstraßen und bei der Werkstatt *„Le Bihan Moto"* spektakulär gelandet.

Rutschen, Schleudern des Hinterrads auf nassem Pflaster und schlussendlich Abwürgen des Motors.
My godness.
Ein Mitarbeiter parkt gerade die Maschinen neben dem Eingang.

Er schaut kurz düpiert, hält seinen Kopf in Position, ohne ihn zu schütteln, sieht schnell weg, aber unter seinem Gesicht steht deutlich:

»Quel genre d'idiot est-ce?«

Was ist das denn für ein Idiot? Ich schüttele mich vor Lachen, klingt fast ein bisschen hysterisch.

Nach der Erläuterung unseres *Problämes* ist George wieder rehabilitiert. Männer verstehen sich bei technischen Dingen international. Ich lache immer noch. Nach einer Stunde (!) ist die Maschine wieder startklar, nicht zu fassen. Und das für 64 Euro. Zwar mit einem Universalzug, der zu Hause ausgetauscht werden sollte, aber mehr können wir jetzt beim besten Willen nicht erwarten. George bedankt sich mit 10 Euro Trinkgeld und ich bin viel gelassener beim Abbiegen und Einfahren in Kreisverkehre.

Das neue Zimmer in unserem Hotel können wir erst um 16:00 Uhr beziehen. Also heißt es jetzt Zeit totschlagen. Womit? Powershopping.

In einem riesigen Einkaufszentrum wandeln wir umher und bewundern die meterlange Fischtheke. Die todgeweihten, aber noch lebenden großen Taschenkrebse in einem viel zu kleinen Wasserbehälter tun mir allerdings leid. Dekadentes Essen?

Wir kaufen bei unserem riesigen Equipment an ladefähigen Geräten (Powerbanks, Schubert Helme, Garmin und TomTom, Tabakerhitzer, Handys und Tablets) eine 3-fach-Steckdose. Manche Zimmer sind nämlich nur spärlich mit Steckdosen ausgestattet.

Fischtheke im Supermarkt

Nach Plougastel-Daoulas, 10 km östlich von Brest, 200 km, Mittwoch 04.09.2024

2x versucht eine Ferienwohnung zu buchen, hat 2x nicht funktioniert mit *Ferienwohnung.de* und *Booking.com*. Mal wurde die Kreditkarte nicht akzeptiert, dann wurde vom Vermieter abgesagt und etwas anderes angeboten. Das wollten wir aber nicht. Stornogebühren von 38 Euro. Ich bin sauer und beschwere mich bei Booking.com. Funktioniert, es wird nichts abgebucht.

George ist derweil schon bierselig. Also buche ich kurz entschlossen da, wo es etwas Freies gibt. Und das ist der unaussprechliche Ort in der Überschrift. Wir landen im *Brit Hotel* für Durchreisende, unromantisch am Kreisverkehr und großem Einkaufszentrum gelegen, fünf Nächte gebucht. Ab der dritten Nacht zahlen wir 60 Euro statt 80 Euro. Mit Frühstück.

Mit dem neuen Kupplungszug ist nun alles kein Problem mehr. Das Fahren kann ja so einfach sein. Als wir Lannion verlassen, sind die Straßen zwar noch nass, aber der Regen hat schon aufgehört. Das Wetter wird stündlich besser. Wir fahren die Kanalküste entlang.

Und machen einen kurzen Abstecher nach Morlaix, unter anderem, weil wir über den gleichnamigen Fluss müssen.

Die Gegend ist so schön wie die kleinen Sträßchen.

Kurvenreich geht es bergauf und bergab. Wälder, die wie immer wilde Küste und diese malerischen bretonischen Dörfer und Städte – Zeit, die Seele baumeln zu lassen. Bei *Roscoff* ist etwas mehr los, das liegt wahrscheinlich am dortigen Fährhafen. Dafür knallt jetzt wieder die Sonne. So geht es immer Richtung Westen bis wir bei *Portsall*, immer noch der Küste folgend, Richtung Süden fahren. In Melon machen wir eine ausgedehnte Pause und bewundern die Küste und den hier stehenden recht berühmten Leuchtturm – begeisternd!

Küste Melon.

In der Nähe von *Trébabu* ändert sich dann wieder die Fahrtrichtung, es geht Richtung Osten und damit Richtung Brest. Zunächst noch über kleine und allerkleinste Straßen, schön und spannend. Doch irgendwann müssen wir durch Brest – Verkehr und Stau und Stau und Stau. Wir kämpfen uns mit dem Gespann durch, nur gut, dass die Kupplung wieder funktioniert.

Burg in Brest

Etwa 10 km hinter Brest erreichen wir in *Plougastel-Daoulas* unser Hotel. Hier bleiben wir ein paar Tage. Die Stadt ist zwar überwiegend »Schlafstadt« von Brest, hat aber ein paar schöne Ecken. Vor allem liegt sie gut, um einige erlebnisreiche Tagestouren zu machen.

Brest ist eine sehr große Stadt und der Feierabendverkehr kostet uns eine gute Dreiviertelstunde, bis wir durch sind. Ohne funktionierende Kupplung möchte ich mir das Fahren im Stau nicht vorstellen. Die Burg sieht interessant aus, wie so viele Festungen hier.

Erste Rundtour zur Bucht von Brest und zu den Menhiren, 170 km, Donnerstag, 05.09.2024

Morgens ist es kühl und das Standardwetter ist der Regen. Ab 13:00 Uhr wird es trocken und wärmer. Die Vorhersagen auf *wetter.com* treffen selten zu. Besser sind die Wetterkarten des französischen Fernsehens beim Frühstück. Macron hat den früheren EU-Kommissar Barnier zum Premierminister benannt und mit der Regierungsbildung beauftragt. Frankreich war durch die Olympiade abgelenkt, aber allmählich sollte mal eine Regierung her.
Das ist ja fast so spannend wie die Landtage in Thüringen und Sachsen. Dass die AFD auf 30% Wählerstimmen blicken kann, war wohl zu erwarten. Jetzt warten wir doch mal ab, was die CDU mit den Linken und Sarah Wagenknecht beschließt. Und ob das Bashing der Grünen endlich nachlässt. Sorry, ein bisschen Politik muss an dieser Stelle sein. Damit es nicht vergessen wird.

Der Garmin ist heute derangiert und verwirrt. Die ersten 20 Kilometer fahren wir einen Vollkreis und landen wieder am Hotel. Neuer Versuch.

Wir touren entlang der Küste. Es ist so frisch, dass ich die Regenjacke überziehe und nach den Handschuhen suche. Die **Rade de Brest** (dt.: **Reede von Brest**, auch **Bucht von Brest**; bret.: **Lenn-vor Brest**) ist eine natürliche, tief in das französische Festland hineinragende Bucht bei Brest in der Bretagne. Das etwa 180 km² große Becken ist über den sehr schmalen *Goulet de Brest* mit dem Atlantischen Ozean verbunden. Brest ist die am weitesten westlich gelegene Großstadt Frankreichs und hat eine lange Tradition als Hafen- stadt und Marinebasis. Die Innenstadt von Brest wurde im Zweiten Weltkrieg (1944) fast vollständig zerstört.

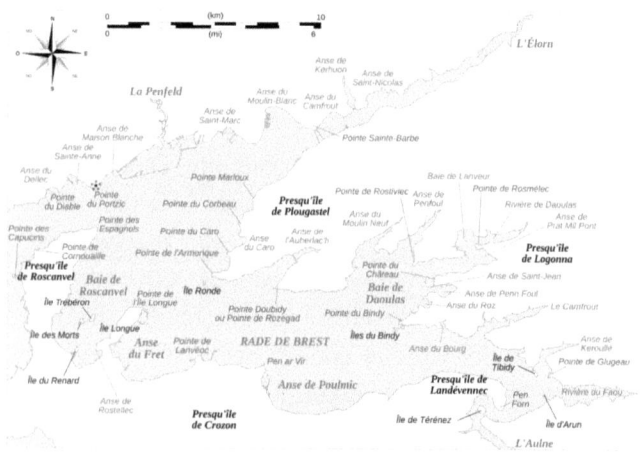

Urheber: L. Claudel (<u>user:Sardon</u>) - Travail personnel d'après documents IGN

Wir treffen auf ein österreichisches Paar auf Motorrädern. Sie haben alle Hotels für ihre Tour schon vorgebucht.

Im Anschluss lernen wir die Kanonen des Ersten Weltkrieges kennen. Die Kriege sind hier all gegenwärtig. Muss eine furchtbare Zeit gewesen sein.

Kanonen in der Bucht von Brest.

Crozon Halbinsel

Menhire und Gespann.

Die **Menhire der Bretagne** sind große, meist einzeln stehende Monolithe, die von den Menschen der Megalithkultur aufgerichtet und zum Teil wieder umgestürzt wurden oder anderweitige Verwendung fanden. Auch die Steine innerhalb von Steinreihen (französisch: *Alignements*) werden als Menhire bezeichnet, obwohl sie wahrscheinlich eine andere Funktion und Bedeutung hatten.

Steinreihen.

Ende des 18. Jahrhunderts legten die Archäologen das bretonische Wort Menhir (Langstein) zur Bezeichnung derartiger Steine fest, obwohl es im Bretonischen den auch gebräuchlichen Begriff ‚peulvan' (deutsch: ‚Steinpfeiler') gibt, der meiner Meinung nach besser gepasst hätte.

Man darf die eigentlichen Menhire nicht mit den in der westlichen Bretagne verbreiteten beidseitig geglätteten Stelen oder mit den sogenannten Statuen Menhiren verwechseln. Diese Stelen stammen aus der späten Bronze- und frühen Eisenzeit und wurden häufig christianisiert.

Sie sollen 5.000 Jahre alt sein und niemand weiß, warum sie, so wie sie sind, hier stehen. Ich weiß es auch nicht. Nun, es sind halt Steine.

Quelle:
https://de.wikipedia.org/wiki/Menhire_der_Bretagne

Menhire von Carnac

Die Größe ist imponierend.

Zweite Rundtour zum „Pointe du Raz", das Cap Horn von Frankreich, 219 km, Freitag 06.09.2024

Mein Lieblingsleuchtturm.

Die Route ist diesmal eine Mischung aus kleinen Sträßchen und schnelleren Verbindungsetappen. So kommen am Ende 219 Kilometer zusammen. Der *Pointe du Raz* ist in meinen Augen aber auch ein echtes Erlebnis! Hier finden der Ärmelkanal und der Atlantik zusammen, was für eine echt starke Strömung sorgt.

Dazu die zerklüftete Küste, einige Inseln und Leuchttürme, stark!

Hier steht übrigens mein Lieblingsleuchtturm. Er
wurde im 18. Jahrhundert neun Jahre lang von den
Fischern und Handwerkern vom Festland gebaut. Die
See ließ nur selten das Mauern zu. Der Leuchtturm
steht an der für die Schifffahrt gefährlichsten Stelle
hinsichtlich der Gezeiten, Strömungen und der
Untiefen. Im Winter kann das Meer hier derartig
toben, dass der 33 Meter hohe Turm zu mehr als zur
Hälfte in den brechenden Wellenkämmen ver-
schwindet.

Das berühmte Foto von 1989 hat dem Fotografen
seinen Unterhalt auf Lebenszeit gewährleistet. Vom
Hubschrauber aus fotografiert, sieht man den
Leuchtturmwärter in der Tür stehen, als gerade eine
Riesenwelle bis zum Leuchtfeuer hochbrandet. Der
Fotograf bat den Piloten, noch einmal um den
Leuchtturm zu kreisen. Und der Mann stand immer
noch da. Manchmal ist es der Moment, der alles
erklärt. Es ist einfach ein super Foto. Ich habe schon
ein paar Mal mit mäßigem Erfolg versucht, es in Acryl
zu malen. Wie man in diesem Turm im Atlantik aber
so wohnen kann, ist mir unbegreiflich.

Wegen Copyright hier nicht zu sehen, aber ihr könnt
es **hier**

https://lh5.ggpht.com/-9nkGXFaRp1Y/VGYWDmzcC
6I/AAAAAAAA860/LWfV4754bbI/la-jument-5%2525
5B9%25255D.jpg?imgmax=800 versuchen.

Das Hafenbecken gab einen Fund frei. Auf der Durchreise entdeckt.

Das Kap ist seit 1994 zum Landschaftsschutzgebiet erklärt worden. Die Parkgebühren von 8 Euro sind zwar ganz schön happig, kommen aber laut Reiseführer dem Landschaftsschutz zugute. Leider schaffe ich es mit der Lauferei nicht bis zum Aussichtspunkt. Die Kletterei an den Felsen runter schon mal gar nicht. Hier türmen sich die Granitblöcke eindrucksvoll übereinander. Die Unberechenbarkeit des Rheumas macht mir häufig einen Strich durch die Rechnung und ich verpasse spektakuläre Aussichten.
George läuft allein weiter und knipst tolle Fotos.

Mich bringt ein Shuttle Bus für einen Euro zurück zum Parkplatz. Ich ärgere mich, dass ich nicht bis zum Aussichtspunkt laufen konnte. Also müssen wir nochmal herkommen.

Ruhetage Samstag und Sonntag, 07.09. und 08.09.2024

Kalvarienberg von 1598

Der Wetterbericht für das Wochenende verspricht Regen, wobei der auf der Länderkarte von Frankreich der winzige bretonische Fleck im Nordwesten noch am besten aussieht.

Im ganzen Land Regen und Gewitter. In Deutschland 30 Grad. Das Frankreich-Tief erreicht am Montag Deutschland, dann wird es dort auch herbstlich kühl. Wir besuchen das Stadtzentrum von Plougastel-Daoulas um den Dom herum. Die *Calvaire* (Kalvarienberg) wurde 1598 errichtet, um der Pestepidemie Einhalt zu gebieten. Sie zeigt das Leben Jesu mit der Passionsgeschichte.
Die Biografie von der Geburt bis zur Kreuzigung ist in Form von 181 Skulpturen ringförmig vor dem Dom aufgebaut. Verwendet wurden zwei Gesteinsarten: gelblicher Granit aus *Logonna* (südwestlich von *Daoula*s) für die Sockel und dunkelgrauer *K*ersanton-Granit für die Figuren. Als im August 1944 amerikanische Flugzeuge die deutschen Stellungen bombardierten, wurden das Pfarrhaus und die *Calvaire* stark beschädigt. Die Amerikaner bezahlten durch Spenden die Restauration. Quelle: Reiseführer.

Im Dom selbst findet gerade eine Hochzeit statt, ein Chor singt passend zu einer Trauung lautstark: »Oh happy day«. Es wird laut geklatscht. Super.
Mal keine tragische Orgelmusik.

Es schüttet jetzt ohne Unterbrechung und wir gehen zügig zum Hotel zurück.

Die weitere Route im Überblick: Carnac – Vannes – Jarzé – Avallon – Selzach/Schweiz.

Die Hotelbuchungen habe *ich* jetzt *alle* durchgeführt. Ein Studio wollte nach der Buchung 500 Euro Kaution. Für eine Nacht! Das war in Booking.com nicht vermerkt.

Nach einigen E-Mails hin und her habe ich mich breitschlagen lassen, aber die Buchung über Kreditkarte schlug fehl. Zumindest hat die Unterkunft keine Stornogebühren berechnet, sie machten großzügig eine Ausnahme. Die Bewertung wird keine 5 Sterne ergeben. Fairerweise sollten sie doch die Kaution kenntlich machen! Ich bin sauer. So kann man Gäste auch vergraulen. Vermutlich soll die Kaution eine Abschreckung ein. Wer will schon ein Studio für eine Nacht vermieten?

Nach Vannes über Carnac, 198 km, Montag 09.09.2024

Die Temperaturen sind rasant gesunken. Letzte Woche waren es noch 30 Grad! Zum Glück bleibt es trocken und ab 13:00 Uhr sind es immerhin wieder 20 Grad. Als wir am Montag dann *Plougastel* verlassen, hat sich das Wetter gedreht. Es ist wolkig und kalt, ohne Regen. Wir fahren zunächst zu den Steinreihen von *Carnac* (*Alignements du Carnac*). Hier stehen in insgesamt 3 Anlagen tausende Menhire, das sind große, hier bis zu vier Meter hohe, aufrechtstehende Steinblöcke. Obelix würde sie wohl als große Hinkelsteine bezeichnen. Außerdem noch einige größere Dolmen.

Das sind Steingräber, bei denen auf drei oder mehr Tragsteinen noch ein als Decke fungierender Steinblock liegt. Wir haben Glück, als wir ankommen, scheint sogar zeitweise die Sonne, so dass wir die Anlagen ausgedehnt bewundern können. Leider sind diese eingezäunt und nur noch in geführten Gruppen begehbar. In Carnac fahren wir ganz touristenmäßig mit dem kleinen Touri-Zug eine Rundfahrt. Zunächst geht es in die Stadt rein und an der Küste entlang.

Der Yachthafen bietet Platz für zirka 1000 Segelschiffe. Entsprechend groß ist das Gewirr aus Masten und Flaggen.

Die Steine bzw. Menhire oder auf Französisch: *les Alignements*, sind in der Vielzahl und der Reihenanordnung beeindruckend. Was sie nun wirklich für eine Bedeutung haben, weiß keiner. Der schwerste Menhir soll 20 Tonnen wiegen. In dem Museum am Parkplatz wird in einem Video Clip demonstriert, wie diese Ungetüme aufgerichtet wurden.
An Seilen über ein Gerüst mit sehr sehr vielen Menschen. Schon unglaublich. George war vor 40 Jahren zwischen den Felsen mit seiner Morini dreieinhalb mitten durchgefahren. Das ist jetzt nicht mehr möglich. Wahrscheinlich besser so. Für die Unkrautvernichtung sorgen Schafe.

Von Carnac geht es ins Hotel nach *Vannes*, wo wir den Tag in einem typischen Monteurs Hotel bei einer Pizza aus dem Automaten beenden. Schmeckt besser, als ich befürchtet habe.

Nach Jarzé, 240 km, Dienstag, 10.09.2024

Es bleibt kalt und windig. Wir verlassen die Bretagne und fahren bis ins Anjou. Die Straßen führen überwiegend geradeaus. So fahren wir durch eine landwirtschaftlich genutzte Gegend, die aber durchaus ihren Reiz hat. Ähnlich wie in der Normandie, aber mit mehr Wäldern. Äcker, Wiesen, ab und zu ein Wald und es geht zahlreiche Hügel hinauf und hinab, Sonnenblumen-, Mais- und abgeerntete Getreidefelder.

Große Städte umfahren wir, dafür kommen wir durch viele kleine Bauerndörfer, die fast alle mindestens eine kleine Bar und eine große Kirche haben. Der Herbst hält deutlich Einzug. Es ist windig und frisch mit 18 Grad. Aber kein Regen. So kommen wir nach etwa 240 Kilometern in *Jarzé,* einem weiteren kleinen Dorf im Anjou, in unserer Unterkunft an. Diesmal B&B.

Also die Unterkunft ist mitten im Nirgendwo mit Schotterstrecke, so dass man denkt, hier sind wir falsch, blöder Navi mal wieder, aber nein, es ist richtig. Einfach genial.

Ein altes Anwesen nennt sich *Les Mesnagerie*, von einer Frau betrieben, die privat Zimmer vermietet. Kein Fernsehen, kein WLAN, einfach klassisch maroder Charme. Das hier muss man mögen.

Nachdem klar ist, dass wir hier richtig sind, bin ich sofort schockverliebt.

Garten der Les Mesnagerie.

Empfang mit Bier und zwei hochgereckten Daumen von Madame Chaudet. Noch nie fühlten wir uns willkommener. Mit Ausnahme von Tanger/Marokko. Dort wurden wir zu viert mit »*Welcome. We have it all!*« begrüßt. (Siehe mein Bericht: »Marokko mit dem Motorrad«).

Madame Chaudet.

Madame Chaudet spricht Deutsch, weil sie vor 40 Jahren in Nürnberg in einer Gärtnerei gearbeitet hatte. Die Konversation gestaltet sich einigermaßen flüssig in einem Gemisch aus Englisch, Deutsch und Französisch.

Es ist ihr Elternhaus. Ihr Ehemann hat sie irgendwann verlassen, weil es ihm hier nicht mehr gefiel.

Sie hat aber mit dem großen Haus, was in der vierten Generation in der Familie ist, eine Aufgabe, die sie aus meiner Sicht unmöglich alleine stemmen kann.

Das Zimmer ist zwar mit zwei Einzelbetten megabeengt, aber gemütlich, zu erreichen über eine uralte Eichentreppe mit ausgetretenen Stufen.

Es sieht zwar hier sehr nach Wildnis aus, aber bis zum nächsten Restaurant *Centre Ville* sind es fußläufig nur 15 Minuten.

Die Adresse: Chambre d'hotes LA MESNAGERIE, Geneviève Chaudet, La Mesnagerie, 49140 Jarzé, Tel. 06 03 02 69 75. chaudetgenevieve@orange.fr

Nach Avallon, Region Bourgogne, 40 km, Mittwoch, 11.09.2024

Am nächsten Morgen gibt es das typische französische Minimalfrühstück: Croissants, Marmelade, Butter und Kaffee. Wir sitzen in Madame Chaudets behaglichem Wohnzimmer. Ach, wenn Häuser doch reden könnten …

Großer Kamin an der Stirnseite, ehrwürdig gealterter Eichentisch, große schwere Eichenschränke mit aufwändigen Schnitzereien und einige selbst gemalte Acrylbilder mit Pouringtechniken an den Wänden (Pouring ist Gießen der Farbe mit Silikonölanteilen, danach erhitzen mit Flambierer und auf große Zellen oder Blasen hoffend), die uns wieder ins Gespräch bringen. Sie malt selbst und ihre Tochter auch.
Über die verschiedenen Pouringtechniken unterhalten wir uns, bis die Vokabeln zu Ende gehen. Sonst wären wir wahrscheinlich noch immer da. Wir verabschieden uns fast wie alte Freundinnen. Tja, kreative Menschen unter sich.

Nun geht es langsam wieder zurück Richtung Heimat. Wetter und Landschaft sind überwiegend gleich, aber die Besiedlung wird noch dünner.
Wir fahren manchmal über dreißig Kilometer, ohne einen Ort zu durchqueren.

Wir haben ein Hotel in *Avallon*, einem kleinen Städtchen in der Bourgogne gebucht. Die Stadt liegt direkt am Naturpark *Morvan.* An der Stadt vorbei fließt der Fluss Cousin. Die Brücke, die unserer Route entsprochen hätte, ist wegen Bauarbeiten gesperrt, so dass wir einen Umweg, der über einen kleinen Weg durch einen Wald und einige wunderschöne Dörfchen führt, machen dürfen. Wir entgehen knapp einem Wildunfall. Ein Reh springt direkt vor uns auf die andere Straßenseite. **Und zum guten Schluss funktioniert mal wieder der Kupplungszug nicht! Nein – nicht schon wieder.**

Der Nippel, der den Zug am Hebel hält, ist weg, futsch. George versucht ein paar Basteleien, unter anderem den Kupplungszug mit der linken Hand und einer Spitzzange zu ziehen. Gelingt leider nicht.
Wir machen mal wieder die bekannten Sätze nach vorne. *Seufz.* Ich suche in Google nach einer Werkstatt, die wir schnurstracks aufsuchen.

Bei Ankunft halten sie gerade Mittagspause. Aber auch hier wird uns zügig geholfen. Der gesamte Zug wird mal wieder ausgetauscht, mit Universalzug. Einen einzelnen Nippel haben sie nicht auf Lager. Hoffentlich gelingt die Heimfahrt noch.
Die Fahrt nach Avallon – und auch weiter nach Hause - klappt auf jeden Fall schon mal.

Nach Selzach, Schweiz, 340 km, Donnerstag, 12.09.2024

Nun beginnt der Rückweg heimwärts. Es ist sch … kalt geworden, auf den Bergen liegt Schnee. Und damit nicht genug, die Feuchtigkeit kriecht in jede Körpernische. Am 12.09.2024 geht es nochmal etwa 340 Kilometer bis in die Schweiz. Auch jetzt bis ins Jura hinein meist geradeaus. Ab und zu erwischt uns ein Regenschauer. Ungemütlich!

Oben im Jura sind es noch 4°C. Gegen 17:00 Uhr kommen wir bei unseren Freunden in *Selzach* an. Hier verbringen wir noch ein paar Tage, bevor es dann nach Hause geht. George nimmt an der „Saisonabschlussfahrt" der Selzacher Moto-Treiber durch den Nord-Jura teil.

Ruedi hat ihm dafür seine Morini Veloce 1200 geliehen. Ein echter Vertrauensbeweis! Es war sonnig, aber morgens mit Temperaturen um den Gefrierpunkt scheußlich kalt.

Ab mittags wurde es aber angenehm warm und es war für ihn wirklich eine schöne Fahrt. Ich bin mit Susanna wandern gegangen und wir besuchten ein lauschiges Café mitten in der Natur von Selzach. Am Dienstag starten wir dann Richtung Schwarzwald bis Gaggenau und erreichen am Mittwoch Hasselroth.

Ein rundum gelungener Urlaub trotz oder gerade wegen der Ungemäuslichkeiten mit dem Kupplungszug. Denn was hätte es Spannenderes geben können?

Nachwort

Gespann Urlaub macht Spaß und ist, wenn frau nicht selbst fahren muss, auch sehr komfortabel. Es gibt keine Gepäckprobleme mehr. Aufmerksamkeit ist einem gewiss. Überall, wo wir auftauchten, ernteten wir mindestens neugierige Blicke. Sehr oft entwickelten sich auch spontane Gespräche. Manches Mal fehlte mir die Schräglage.

Das Runterkommen des Bootes nach dem Abheben in Rechtskurven war nicht angenehm. Schlug mir ordentlich ins Kreuz. Das Gefühl beim Überholen mit dem gemächlichen Boxer war nicht immer entspannend, obwohl George ein begnadeter Fahrer ist. Meistens nach dem Motto: ‚Wer bremst, verliert'. In dramatischen Momenten, wenn es mit ihm durch ging, klopfte ich auf seinen rechten Unterschenkel. Beeindruckend, wenn mein Kopf auf Höhe der LKW-Räder war.

Die Abhängigkeit vom Fahrer muss man mögen und sich darauf einlassen. Alles in allem, als Sozia auf der Solo bin ich ungeeignet.

Aber im Gespann fahren ist abenteuerlich und Umkippen eher die Ausnahme! Das wird wohl die nächsten Urlaube zum Standard werden.

Die Bretagne mit ihrem schroffen, rauen Klima ist mehr als nur eine Reise wert. Ich möchte ja meinem Lieblingsleuchtturm noch näherkommen oder eine Bootstour auf dem wilden Atlantik machen. Deshalb waren wir hier nicht das letzte Mal!

Anhang.
Weitere Veröffentlichungen

Mal ehrlich: Würden Sie sich bei der nächsten Pandemie an Ausgeh-, Reise- und Kontaktverbote halten? An Maskenpflicht in der Öffentlichkeit und Grenzschließungen innerhalb der Bundesländer? Das Aussetzen der Grundrechte, das Gezanke in der Ministerpräsidentenrunde oder eine Impfpflicht tolerieren? Wohl eher nicht. Die Pandemie - tja – nichts gelernt? Die Pandemie hinterließ einen bleibenden Eindruck bei mir. Meine Erfahrungen habe ich in diesem Tagebuch unter einem anderen Pseudonym festgehalten.

https://buchshop.bod.de/das-beste-hoffen-fuers-sc hlimmste-planen-corinna-jurtendach-978375977651 8

Vor der Hitze in Südeuropa in den kühlen Norden fliehen. Warum nicht? Norwegen und Schweden bieten nicht nur jede Menge Natur und Sehenswürdigkeiten, sondern einige der schönsten Städte und 300 Kilometer nördlich des Polarkreises die Inselgruppe der Lofoten und der *Vesterålen.*

Erscheinungsdatum: 24.08.2022. Die Türkei ist ein faszinierendes Reiseland, vor allem, je weiter man sich in den Osten Anatoliens begibt. Sich auf Freiheit und Abenteuer zu freuen, die dieses große Land mit seiner vielfältigen Landschaft vermittelt, und das bei einer unglaublich herzlichen Gastfreundschaft!

https://www.bod.de/buchshop/tuerkei-mit-dem-motorrad-marbie-stoner-9783756226184

Die Türkei über die Dardanellen entgegen des Uhrzeigersinns mehrere Wochen mit den eigenen Motorrädern zu bereisen, war schon lange unser erklärtes Ziel. Corona verhinderte das aufgrund der geschlossenen Grenzen zwei Jahre lang.

2021 - Reisen ist dank Impfpass wieder möglich, trotz steigender Inzidenzen von Covid-19 im Herbst. Wie in 2020, nur interessiert es keinen mehr.

https://buchshop.bod.de/slowenien-mit-dem-motor rad-marbie-stoner-9783740787202

Slowenien nutzten wir stets als Durchreiseland von unseren Balkan Touren Albanien, Bulgarien, Montenegro. Serbien und Kroatien. Dieses Mal gönnen wir uns dieses kleine Land als Schmankerl. Es lohnt sich!

https://buchshop.bod.de/nordspanien-mit-dem-mo torrad-marbie-stoner-9783740763183

Quer durch Frankreichs Provinzen über die Pyrenäen zum *Picos de Europa*? Unbedingt! Nordspanien ist das etwas andere Spanien.

Hier locken die hohen Berge mit winzigen kurvenreichen Straßen, wilde Küsten mit schroffen Klippen, grüne Landschaften, außergewöhnliche Städte. Wenn man beim Losfahren nicht weiß, wo man abends landet. Und wenn das Wetter so unkalkulierbar ist wie die Stimmung der Vierer-Crew, die Programmierung der Garmins und des Tomtoms.

https://buchshop.bod.de/usa-106-west-durch-colorado-utah-nord-arizona-mit-motorraedern-marbie-stoner-9783740752842

Geht das? Unerwartete Schneeeinbrüche und Blizzards, Schlammpisten und Straßenüberflutungen ließen das Abenteuer mit 3.530 km spannender als erwartet wer- den. Einige von Amerikas atemberaubenden Canyons sehen wie den *Antelope Canyon* im nördlichen Arizona, mit 700er, 800er BMW GS und Triumph Tiger XCx 800, abseits der normalen Pfade mit 70% Schotterstrecken auf Dirt Roads. Das verspricht der Veranstalter John Hax, Eigentümer von 106 Grad West Motocycle Adventure.

Mit dabei: Bryn Davies als Redakteur von Adventure Bike Rider, dem britischen Magazin für Abenteuermotorradtouren.

Wo ist das – Kirgistan?

Es liegt in Zentralasien an der chinesischen Grenze und ist umgeben von den anderen 'Stans': Usbekistan, Tadschikistan und Kasachstan. Die Silbe 'Stan' bedeutet 'Land'. Warum nach Kirgistan? Die Begegnung mit einer fremden Kultur und Übernachtungen in Jurten waren ein unvergessliches Erlebnis. Das Gebirgs- und Gletscherland bot uns atemberaubende Aussichten. Der höchste Berg ist der *Dschengisch Tschokuso* mit 7439 Metern. Der größte Walnusswald der Welt ist hier beheimatet und der *Issyk Kul* ist der größte Hochgebirgssee der Erde! Kirgisien ist ein Rohdiamant, dessen Schönheit sich erst auf den zweiten Blick offenbart und ein Land, das mit Reichtümern nicht gesegnet ist.

Es braucht den Tourismus, und die Kirgisen bewirken alles, damit ihre Gäste sicher die atemberaubende und schroffe Landschaft genießen können. Die freundlichen und zugewandten Menschen ließen die Reise auf Yamaha XTs 600 und mit dem Schweizer Anbieter MuzToo zu einem unvergesslichen Abenteuer abseits der gewohnten Touristenhochburgen in Europa werden, und entschädigten für staubige Schotterstrecken mit ihren Unwägbarkeiten.

https://buchshop.bod.de/kirgistan-mit-dem-motorrad-marbie-stoner-9783740732387

Marbie Stoner

Kirgistan mit dem Motorrad

Abenteuer mit MuzToo

Motorradfahren ist gefährlich. Das ist unbestreitbar, genauso wie Rauchen, Fallschirmspringen, Hornbach Projekte, im Extremfall sogar Hausarbeit. Im Laufe von zwanzig Jahren auf dem Motorrad haben sich diverse Erfahrungen auf meinem Erinnerungstacho angesammelt. Skurriles, Komisches, Tragisches und Entbehrliches.

https://buchshop.bod.de/krad-katastrophen-marbie -stoner-9783740724368

In 2012 begeisterte uns Rumänien durch die Freundlichkeit, die Aufbruchsstimmung im Land und die Fähigkeit der Rumänen, trotz des schweren Alltags mit einem Lächeln in die Welt zu sehen. Besonders beeindruckend: die LKW-Fahrer. Die bremsen nicht, die hupen!
https://www.amazon.de/Rum%C3%A4nien-mit-dem -Motorrad-Donaudelta/dp/1540524884

Unsere Balkansucht begann hier. Länder für Aktivurlauber und El Dorado an Kurven. Im Zeichen der Flüchtlingskrise. Bulgarien bietet Bilder voller Gegensätze: Pferdekarren im dichten Stadtverkehr, Rinder, Schafe am Straßenrand, Prini- und Rilagebirge und die sanften Hügel der Rhodopen im Süden.

https://buchshop.bod.de/bulgarien-und-balkan-mit -dem-motorrad-marbie-stoner-9783740715793

https://buchshop.bod.de/aus-anderer-landschaft-m
arbie-stoner-9783740715649

Meine Kurzgeschichtensammlung von Tragiken des
Alltags, über die man lieber nicht spricht, aber gerne
liest und sich freut, dass es einen nicht selbst
getroffen hat. Die Idee zu: „Assistentin des Sisyphus"
wurde hier geboren. Stellen Sie sich vor, Ihr Ehemann
öffnet Ihnen die Türe, hat ein Messer im Bauch und
riecht nach E605.
»Das Abwasser läuft in die Wand!«, sagt er.
Veröffentlicht im Literaturcafé von Wolfgang Tischer:

https://www.literaturcafe.de/html/prosa/abwasser/ohtm/ #-1

Katharina, Einzelgängerin, 29 Jahre und Motorradfahrerin, ist Krankenschwester mit einer – sagen wir – speziellen Persönlichkeit in ungewöhnlicher seelischer Landschaft. In emotionaler Abhängigkeit steht sie unter dem Einfluss ihrer lesbischen Schwester Florentine, einer Staatsanwältin am Frankfurter Amtsgericht. Bei einer Tour in den Schweizer Bergen begegnet sie dem Mythos Sisyphus und lernt seine Deutung des Steineschiebens in einem Menschenleben kennen: Menschen dürfen durch die moderne Medizin nicht von ihrem Felsen getrennt werden.

Fortan bestimmt der Mythos ihr Denken und Handeln mit dem Ziel, den Menschen durch aktive Sterbehilfe wieder zu ihrem Stein zu verhelfen. Plötzlich sterben Menschen in Katharinas Umfeld.
Und nach der Lektüre denken Sie über eine Patientenverfügung nach. Garantiert.

https://buchshop.bod.de/die-assistentin-des-sisyph
us-marbie-stoner-9783740730536

Marokko muss man erlebt haben!
Reisebericht „Marokko mit dem Motorrad", auf
eigene Faust in einer Kleingruppe. Etappen der
Extreme, auch hinsichtlich der Temperaturen: Berge,
Pässe, Wüste und Küste in drei Wochen. Ohne
funktionierenden Garmin und mit unzuverlässigen
Landkarten.
https://buchshop.bod.de/marokko-mit-dem-motorr
ad-marbie-stoner-9783740715540

Diese Bücher sind bei BoD Books on demand
https://buchshop.bod.de/ international online und im Buchhandel bestellbar. Ihr findet sie auch auf meiner Website: **https://www.margitta-bieker.de**

Abseits der üblichen Pfade über Militärstraßen und

Schotterstrecken. Eine viertägige Tour mit dem Enduropark Hechlingen im September 2015.

Nur als eBook bei Amazon, auch als kindle unlimited.

https://www.amazon.de/Vom-Friaul-zum-Gro%C3%9Fglock ner-Motorradreiseberichte-ebook/dp/B017F45MDI/ref=sr_ 1_12?__mk_de_DE=%C3%85M%C3%85%C5%BD%C3%95% C3%91&crid=IEATVW0BMC0L&keywords=Marbie+Stoner& qid=1695380350&sprefix=marbie+stoner+%2Caps%2C191 &sr=8-12